O ANNWN I GELTIA

O Annwn i Geltia

Cerddi Aneirin Karadog

CYHOEDDIADAU BARDDAS

Argraffiad cyntaf 2012

© Aneirin Karadog / Cyhoeddiadau Barddas

ISBN 978-1-906396-47-3

Cyhoeddwyd gyda chymorth ariannol Cyngor Llyfrau Cymru

Cyhoeddwyd gan Gyhoeddiadau Barddas

Argraffwyd gan Wasg Dinefwr, Llandybïe

Diolchiadau

Yn gyntaf, hoffwn ddiolch i'r canlynol am gyhoeddi neu gomisiynu ambell gerdd sydd wedi ei chynnwys yn y gyfrol: *Barddas, Taliesin, Y Glec, Crap ar Farddoni*, BBC Radio Cymru, Annedd y Cynganeddwyr (www.cynghanedd.com), Eisteddfod Genedlaethol Cymru, Eisteddfod yr Urdd, Talwrn y Beirdd, Parc Cenedlaethol Eryri ac Oxfam Cymru. Diolch i Huw Aaron am greu'r lluniau gwych a welir yn y gyfrol, er ei fod yn cefnogi'r Gweilch! Diolch i Emyr Lewis a Ceri Wyn Jones am gynnig sylwadau ar y gwaith ac i Twm Morys am ei waith golygu trwyadl, a hefyd am fod yn ffrind.

Mae fy nyled yn fawr i nifer o bobl, a cheisiaf eu crybwyll yma. Mae'r rheswm pam fy mod yn ddiolchgar iddynt yn rhywbeth i'w gadw rhyngof a'r cymwynaswyr hyn, ac mae'n arbed gofod yn y gyfrol!

Heb eu rhoi mewn unrhyw drefn benodol, diolch felly: i Laura Wyn a'i theulu hyfryd, i Mam a Dat a Hefin, gweddill y teulu Stockley *hag an holl Roudadet e Breizh*, ffrindiau bore oes a llencyndod nad wyf efallai yn gweld digon ohonynt bellach, Rhys Iorwerth (ac Elen), Hywel ac Alaw Griffiths, Eurig Salisbury, Osian Corrach, Llŷr Gwyn Lewis, Dafydd Emyr, Gwyneth Glyn, Maelgwn Brân, Bethan a Carolina, Luned Aaron, Ed Holden, Y Genod Droog a phawb a fu'n gysylltiedig, tîm Talwrn Tir Iarll, Iwan Rhys (ac Angharad), Catrin Dafydd, John a Kevs Llwybr Llaethog, Gai Toms, Dewi Prysor, Guto Dafydd, Rhys ap Rhobert, Iestyn ap, Trystan a Maria a Hunydd fach, Jamie Bevan, bois Cwm Gwendraeth, bois Pontypridd, Ifor ap Glyn, Ifan Prys (ac Angharad, Maelan a'r bwmp), y gymuned rap Gymraeg yng Nghymru, y gymuned farddol Gymreig nas enwir yma, Dewi Tweet, Criw Oxfam Cymru, Geraint Jarman, Nia Medi, Llion Jones, Nic Farr, Craig Pooley, Eleri a Betsan, Lleuwen, fy nghyd-weithwyr yn Llanelli, Gerallt Pennant, Rhys Edwards, Ems (a chriw'r Gogs), Roberto 'Ciru' Alvarez, Pablo Somoano, Snedli, Al Capten, Y Scarlets, aelodau Capel Soar Pontardawe a Chapel Sardis Pontypridd, Alun Gibbard, Yann-Variñ Queffelec, Dafydd Islwyn a'i deulu, Brychan Llŷr, Criw Cyfarfodydd y Twlc, criw gwersi cynghanedd Rhys Dafis 'slawer dydd, ac Ysgol Farddol Caerfyrddin. Diolch hefyd i'r rheiny rwy'n mwynhau eu cwmni yn fawr er nad ydw i wedi eu henwi.

A phan ddei di (gobeithio) yn hapus ac iach i'r byd, diolch iti, blentyn annwyl, am newid fy myd er gwell.

Rhagair

Mae ffrwd o bleser yn rhaeadru drwy 'mhen. Rwy mewn stafell niwlog gyda phobl rwy'n eu nabod, ac rwy'n nabod yr Aneirin Karadog sydd yno ynghanol y mwg. Ond ydw i'n fy nabod fy hunan? Yr hyn sy'n fy niffinio yn y nawr rwy'n ei deimlo yw Rizlas hir, baco, gwair a'r gallu i greu celfyddyd barod i'w chynnau. Mae gen i radd o Rydychen a phum iaith ar fy nhafod, neu yn fy mhen yn rhywle. Mae gen i hoffter o berfformio a rhyw fath o allu i gerfio geiriau yn ffon i 'nghario. Ond y tanwydd sy'n galluogi hyn oll yw'r gwair. Fy hunaniaeth ydyw.

Aneirin Karadog, Mawrth 2005

Mae gan bawb benodau i'w bywydau a thra 'mod i'n byseddu'r tudalennau sy'n perthyn i bennod newydd yn fy mywyd, rwy'n awyddus i gau pen y mwdwl ar y bennod a fu. Collais fy hunaniaeth yn y bennod honno. Dechreuais bennod newydd drwy ailddarganfod pwy ydwyf a beth sy'n bwysig imi. Mae arnaf ddiolch di-ben-draw i Laura Wyn am sefyll gyda mi drwy bopeth ac am roi plot mor wych i weddill y stori.

Erbyn i'r gyfrol hon hwylio i foroedd tymhestlog adolygwyr a darllenwyr, mi fyddwn ni'n dau gyda lwc yn rhieni am y tro cyntaf. Rwy'n awyddus i wneud yn siŵr fy mod i'n hapus â 'mywyd ac yn sicr fy hunaniaeth er mwyn gallu trosglwyddo cymaint o ddaioni â phosib i fy mabi gwyn, wrth iddo/iddi ymbalfalu ei ffordd i'r byd mawr.

Dyma daith o un pegwn tua'r byd delfrydol, y Celtia a welaf ar y gorwel. Nid gwair sy'n fy niffinio ond y fagwraeth gyfoethog, amlieithog a Cheltaidd a dderbyniais gan dad o Gymru a mam o Lydaw, yng nghwmni fy annwyl frawd, Hefin; yr addysg wych y bûm yn ffodus i'w derbyn: ym Mhontardawe, Pont Siôn Norton, Rhydfelen a Rhydychen, a hefyd yng nghysgod doniau athrawon barddol a chyfeillion; yr anturiaethau y bûm yn ddigon ffodus i'w profi cyn belled ar lwyfannau, ac mewn stiwdios recordio yng Ngarndolbenmaen, Llundain a Los Angeles; y cyfleon unigryw sy'n croesi fy llwybr yn fy ngwaith bob dydd fel darlledwr; y cartref llawn cariad a greais gyda Laura Wyn; gloddesta ar lysiau o'r ardd, yn arlleg a marchysgall; y sigâr Giwbanaidd y caf ei sawru ar ambell achlysur.

Canfyddais fy llais a dyma fe.

Aneirin Karadog, Rhagfyr 2011

Cynnwys

Tir Neb

Celtia

Annwn

Cadwyn y colli nabod

Machlud ar yr Wyddfa
(Alban Hefin 2007)

Dagrau haul dros ei blaned gron
yw gwaed ei Armagedon
yn fur o ddiferion.

Mae'r *druggie*'n rhegi'i diriogaeth –
mor wan yw ei hunaniaeth,
mor wag ei eirfa gaeth.

Fe ddringodd i ddiffodd ei wae
o gwm wylo'i gymylau,
dringodd beithdir angau.

Rhed o oerni gwacter ei deyrnas,
a Chrib Goch hirbig ei hias
hithau'n ddôr i gaethwas.

Ag inc ei gwilsen am gau ei bennod
ym mrig awelon cyn mur y gwaelod
a byw yn ei groen 'di tyfu'n boendod,
clyw'r twr yn poeri dwndwr Prydeindod
a daw hwb i'w gydwybod – â hefru
y llu ddaeth i darfu ar y darfod …

Blas o bleser

Sibryda, tra rhua'r *rave*,
Rizla â her i'w oslef
yn *rollie* pêr ei alwad;
seiren hardd a'i serenâd.

Yn y sŵn fe'i cusana,
rhed drwy ei go'r drag o ha',
drag ar ddrag, fe ddaw â'r hud
i dir Annwn drwy'r ennyd.

Dan ei hias daw e'n Osian,
yn un â'r gwenyn clyw gân
gwyrddni gardd Na n-Óg, a'i haint
yn gaeafu'i ysgyfaint.

Cameleon

"We are like chameleons, we take our hue and the colour of our moral character, from those who are around us." John Locke

Mewn mwg o wyll mae'n ymgolli
ar *weed* uchel Rhydychen
yn rhyddid ei radd.

Sbliff ar ôl sbliff â'n hesb ei lais,
ym mrig ei lwydd mae'r Cymro glân
wedi tyfu'n *dude* hy.

"Have you heard, man, of Howard Marks?"

Fe'u rhwydir â chwilfrydedd
yn y dyn a newidiai ei wep,
yn y ddelwedd a'i helynt.
Mr Nice, meistr y niwl,
wedi ei wasgodi gan gysgodion.

Yn y blwch, yn llwch llwyd,
lludw yw'r oll a ydoedd.
Y gwair a'i hud sy'n gyrru hwn
a gwneud i lanc newid ei liw.

You can't pay by cheque, mate!

Rhytha ar wyneb ei wrthwynebydd,
ym min ei gof oriog mae'n gyfarwydd ...

O sgwâr i sgwâr ceisia sgorio,
gyrru wna'r gwerinwyr i gario'i ynnau,
gyrru gyr i guro
ar ddrysau wedi'u cau ar lonydd cefn.

Mewn du a gwyn mae'n mynd o'i gof,
heb bwyllo mae'n risgio'r esgob;
yna rhegi ei wall yn rhy hwyr o'i golli,
â o sgwâr i sgwâr heb sgorio.

Glania'r gelyn o'r golwg
a chreu *impasse* o'i gwmpas yn gylch,
araf yw'r gyflafan,
Somme o ddiffyg symud,
gwerinwr am werinwr yw hi heno
a'r hen frenin yn fyr ei anadl
yn ei dywyllwch yn castellu.

Ond egyr bwlch, daw gair y bydd
yna gynnau dŵb y gwyn a du,
a gŵyl wedi'r fuddugoliaeth.

O sgwâr i sgwâr ysa i gyrraedd
y geriach melys, ei *shachmat*,
â'r gwair a ddaw drwy guro'i ddyn.

Wrth i'w fyddin gipio'r frenhines,
i'w goncwest o rym ei orchest â'r marchog,
rhoi i huno'r collwr o frenin.

Rhytha. A yw'n nabod ei wrthwynebydd?
Ei elyn? Ydy! Bu'n wylo
dagrau o waed i'w guro'i hun!

Ar draethau ei llygadau

Fel rhith cyrhaeddodd hithau
yn sws hir o agosáu …

Yng ngwahoddiad ei llygadau teimla'r
môr a ewynna wrth ei hamrannau
a thrwy'r rhith yr ânt i'w thraethau tywod
a gwylanod yn galw eu henwau.
Swyna llif ei chusanau'n don anferth
lawn nerth yn ei hanterth drosto yntau
yn llanw grymus ei gwefusau; tynfa
heddiw a'i lloria yn filoedd lloerau.
Dan ei hadain o nwydau mae'i heigion
a'i thwyni'n ddanteithion iddynt hwythau.
Heda'r posibiliadau'n ddeg o blant
a byd ir o fwyniant heb derfynau.
Ym murmuron ei thonnau o chwerthin
mae cynefin, nid ym mwg hen hafau.

Â hithau i'w draethau draw
a'i heglu, nid yn waglaw …

Yng nghaeau cwsg ...

Wedi aredig, i bigo, glania'r
    gwylanod gan reibio
holl rychau caeau y co'
yn seicosis y cwyso.

Drwy'r cae irlas y daw'r cwrlid o chwyn
    gan chwennych, gan erlid,
cleisio llais wna'r closio llid,
daw'n atal dweud o *knotweed*.

Dyna goeden a goda yn dyfiant
    llawn rhamant aroma,
ond cynrhon sy'n aeron ha'
pren newydd paranoia.

Gweld y gorwel

Yn *rehab* y colli nabod – sŵn traed
sy'n troi'r awr ddiddarfod,
sŵn y byw diflasa'n bod.

Yn *rehab*, bod yw'r rheol – bod drwy'r dydd,
bod drwy'r daith hunanol
wna *druggie*'n dod o'i rhigol.

Yn *rehab* o dan label – yn nheilchion
ergydion ei gawdel,
gwrid ei gariad yw gorwel.

Sŵn y dydd yw hi sy'n dod – o'r nosau,
rhanna ias cyfarfod,
y sŵn byw melysa'n bod.

Baglu ar y daith

Er claddu'r celwyddau,
o'r bedd daw'r meirw byw –
demoniaid ei amynedd
i brocio'i go' gwan
â'u gloddest o gelwyddau,
i'w demtio i rolio. "Dyma'r tro olaf …"

Y glöyn byw a gilia'n ei bwff
'nôl o'i weundir i fod yn lindys.

Wele hi, y fforch yn y lôn …

Dadeni

Ŵr bach, croeso i'r byd,
i gaer wresog o groeso
dan sêr breuder dy baradwys.

Rhwng muriau fy mreichiau mae rhychwant
dy fyd a'i ofidiau.
Yma nid oes symud
ar y graig er y rhu o wynt.

Wyt ddalen wen, wag
yn disgwyl i'r awdur dasgu
geiriau yn berlau bach,
geiriau fydd yn berlau i'r byd
ond geiriau fydd yn ofnau i ni.
Geiriau dy gamau gwamal
a geiriau dy lwyddiannau haeddiannol,
geiriau dy stori drwy gryd y storom.

Ac ynot bu ailgynnau
tân fy hunaniaeth,
daeth gwir ryddid o'th grio heddiw
a gwynfyd llwyr o ganfod llais.

Gwawr ar yr Wyddfa

(Alban Arthan 2010)

Dringwn i dir iengoed
gyda'r wawr i gadw'r oed
a'n hannel ar brofi henoed.

Â'i chyffro'n deffro'r dydd
cilia cysgodion celwydd,
daw'n awen i bennod newydd.

O gyffion fy smonach
yn rhydd o gadwyni'r ach,
daw haul y byd dros deulu bach.

Gwawriad bythgofiadwy
sy'n troi'r heth mas o'n trothwy,
daw heddiw'n well a'r dyddiau'n hwy.

Mae 'nghalon ar agor, dweud fy stori
a wnaeth â hiraeth wedi ei thorri,
â'r co' i ymwared o'r camwri.
I ynfydion y mae atgyfodi
yn bosib o wae i oesi – o'r dwfn
a dod o annwfn gyda'r dadeni.

Mae'r lôn yn fyglyd

Sbliff o ddyn,
Rizla parod
ar bob achlysur,
bocs baco
o gysur gwyrdd,
bong gobeithion
ac ysgyfaint
llawn dyheadau,
llygaid addewidion,
a gwefusau sych
yn diferu â chwerthiniad
sydd o hyd yn diweddu'n
rôtsh o siom.

Lloches

(i Laura)

Pan fo drycin fy nhrybini'n daran
drwy'r storom, a'r meini'n
fregus, dan fraw o regi,
y to dros fy mhen wyt ti.

I Laura Wyn Karadog

(Wompyn o gywydd i fy annwyl wraig, Laura Wyn,
ar achlysur ein priodas)

Laura annwyl, rwy heno
dan y fawd a dyna fo!

Mynwenta

(Ymateb i ysgrif T. H. Parry-Williams, 'Mynwenta',
ac ymweliad â mynwent Père Lachaise ym Mharis)

Ym min hen wynt
mynwentwn,
yn ungalon o gwlwm
ym Mharis y meirw.

Mentro o Fetro i breifatrwydd
y perlau sydd yn Père Lachaise,
rhes ar res a ninnau'n busnesu
mewn rhamant morbid
a'r ennyd yn corddi'r enaid.

Edith Piaf,
gweld ei gorweddfan
a chlywed lliw ei llais
yn hudo'r cof
heb ddifaru dim.

Honoré de Balzac fel unben
yn goruchwylio'r gweddill
a'i gampau'n chwyrligwgan
yn fy mhen, fel y coffi yn ei waed.

Rwsiaid yn heidio
i gofleidio bedd Jim,
yntau wedi torri drwodd
i'r ochr draw.

Jean-Paul a Simone
yn cosi'r meddwl
a chynhesu'r galon
gan taw uffern yw pobl eraill.

Ninnau ein dau'n
rhy ifanc i arafu
a'r hyn na fu eto i'w fyw,
a'r chwyn wedi llarpio
ambell fedd
ac ambell fardd.
A'n heinioes yn wanwyn,
a ŷn ni'n rhy ifanc
i ddarllen y cerrig beddi?

Crandrwydd cryptau
sy'n crefu am sylw,
ysfa i adael ôl
ar y graig fach hon
yn nhrobwll y bydysawd,
a champau bywyd heb fod yn ddigon.

Lle i naddu llenyddiaeth,
lle sy'n distewi direidi mwncïod o blant,
lle i roi hedd i'r holl rai a aeth,
lle i bromenâd, lle i unigrwydd,
lle sy'n siglo cadernid cusan
ag ansicrwydd.

A ddaw yna ddau fel ninnau
ryw ddydd i'r lle
y gorweddwn
ym min hen wynt
a mynwenta?

Paneidiwch!

(Cywydd Rap)

Te o'r ne' a'i anian iach,
gêr i rafin fyw'n gryfach
a gyrru'n gawr lawr y lôn,
y greal i'r goreuon,
ateb hud i'r to pwdwr
(byr yw'r dasg 'rôl berwi'r dŵr)
trwy bob awr, tra bo bore,
bob cyfle – disgled o de!
Y ffisig i bob ffyswr
rhag pob lol, hen ddwyfol ddŵr,
cwpanig nid yw'n ddigon –
'mond llond lle o de yn don,
rhaid wrth laeth a rhaid wrth li
a'i lanw'n fy modloni!
Y Ffynnon loyw, dŵr croyw Cred,
dŵr Sycharth i drai syched,
i'r cur yn ninistr *curry*
neu *chow-mein* bydd *chai* i mi.

Te a'i fudd, mêt i feddwon,
te'n lle'r gwydraid, llymaid llon,
te â'i haf ar y tafod,
te fy myw yn toi fy mod,
te yw'r *hit* i arwr hardd,
te prifiant, *high* pob prifardd,
te, ie te 'mhob tywydd,
te i'r galon, ffynnon ffydd,
tardd o'r corff yn treiddio'r co',
te o 'mhair eto i 'mhuro.

Traethau dy freichiau di

Sawrais sigâr ar draethau
Ciwba ac yfed i guriad
reggaetón La Habana.
Cyffyrddais â'r cymylau
ar gopaon y Picos de Europa
ac arllwys seidr i'r gwydr islaw
ar strydoedd Oviedo. Gwelais ddisgleirdeb
gwaith Gaudi a hwnnw ar ei hanner.
'Wy wedi rapio ar y to yn Downtown L.A.
a'r seiliau'n siglo a llenwais drwser ar olwyn
fawr Santa Monica. Yn Llydaw lawer gwaith
boddwyd fy nghlustiau gan y *bombard*
a gwelais famiaith yn boddi hefyd.
Meddwais ar y *mall* yn D.C.
a phasio'r Tŷ Gwyn bob bore.
Sychwyd fy ngheg gan bysgod
hallt yn Norwy ac fe'i gwlychwyd eto
gan gwrw Berlin a'r wal wedi dod i lawr.
Teimlais wymon am fy nhraed ar strydoedd
cefn Giudecca tra bod y dŵr yn dod mewn
i'r gerddi yn Venice. Es o gwmpas Luxembourg
deirgwaith ar droed mewn chwarter awr
a chlywed Brel yn Amsterdam
â Baudelaire yn fy mhen.

Hiraethais ym mhobman
am dy goflaid di
'nôl yng Nghymru fach.

Myfyrion o bellafion y bydysawd

Ar noson loergan

Seren wib
a'i siwrnai'n seithug,
ar wibdaith flêr
a'r ehangder yn gysur
yn ei hanadl olaf.

Sgrechian traffig dinesig
yn mân siffrwd sibrwd
o dan y duwiau,
siffrwd sibrwd …

Yn yr oerni rhwng planedau
mae gwres pob haul
yn bwls drwy wythiennau
pob galaeth, pob galar,
pob dechreuad.

Mae pob gronyn yn graig,
a thwll du yn egin,
mae gwên ymhob deigryn
a galar ymhob geni.

Mae'r bydysawd yn ein cusan.

Gwaith cynnal a chadw

Cwyd y farblen
    o'r fowlen yn ofalus,
        crychu, rhythu ac anadlu
drwy ei ffroen dde
    gan godi ei ên
        i'w hedmygu.

Sylwa ar y llychyn
    a laniodd yno,
        tra nad oedd yn gwylio.

Cliria'r mefl
    gan osod y farblen
        'nôl yn y fowlen yn ofalus …

Neges mewn potel

Un nodyn croyw
yn bluen drwy'r düwch,
un nodyn ar ei daith
drwy'r gwacter,
nodyn yn drymlwythog
o obeithion,
yn estyn dwylo
ar draws y sêr.

Sgia yn ôl troed
gwreichionyn o olau
a'i grafangau'n dynn
yng nghnawd y pelydryn,
yn nodyn a'i wynt yn ei ddwrn,
a chusan yn ei sgil
o alaeth bellennig.

O lyfnder y gofod
cyrhaedda ar chwâl
fel gwybedyn yn bwrw car,
a grymoedd y gwynt
yn ei feddwi.

Plymia drwy'r cwmwl
yn undod brau
yn neidio i'r gwyll.

Mae'n gollwng i gôl
a choflaid y lloeren
ar y to yn Houston,
ond mae'r swyddfa'n wag
a'r staff yn ciniawa
yn Deano's Diner.

Pwy wnaeth y sêr uwchben?

(Yn sgil cyhoeddi *Grand Design*, Stephen Hawking)

Drwy'r düwch cyn y creu lle nad oedd dim
a düwch diddymdra ei hun ddim yn bod,
pan drodd y gwacter yn bob peth mor chwim
a dechrau'r diwrnod cyntaf wedi dod,
pan ddaeth y sêr yn fyw heb ofyn pam
a'r llanw'n brwydro'r trai yn nwylo'r lloer,
pan wyddai mab ei fod ym mreichiau'i fam,
rhyferthwy'r nos yn ddim ond gofod oer;
o'i fogail cododd dyn ei drwyn, a'i lef
yn sibrwd cwestiwn bach a agorodd fôr,
rhoddodd ei hun ynghanol pethau'r nef
gan darfu ar angylion gwyn y côr,
i ddweud wrth Dduw ei fod E yn ddi-waith
ac felly nad oedd yma namyn craith.

Marwnad Mawrth

Anialwch yn drwch
a'r holl hanes ar drai …

Ei glannau a'i hafonydd,
ei chymoedd dyfnion a'i lonydd,
y rhesi o risiau cywrain
a fu'n arwain tua'r temlau,

tiriogaethau ei brenhinoedd
a holl leisiau ei llysoedd,
ei thelynau a'i chynghanedd
am gelanedd a buddugoliaethau.

Cof y chwedlau a'r caneuon,
yr ieithoedd a'r acenion,
cariad yr aelwydydd oll
a'r chwerthin ar goll gyda'r dagrau.

… A'r cyfan yn llwch coch.

Chwilfrydedd y gleren

Cwmwl o glêr yn cylchdroi'r
dywarchen fudr o fol y fuwch,
yn awyrlu yn ymosod o bob ongl
a'u hergydion yn farwol.

Drwy ruo heriol yr awyrennau,
a'r frwydr, y loddest, yn ei hanterth,
oeda un gleren gan hofran
yn ei hunfan am ennyd
ac edrych tua'r haul.

Anela am yr entrychion
a gadael y gweddill
i'w rhyfel bach pitw.
Teimla orfoledd y rhyddid
yn wynt ar ei gruddiau.

Ar adain chwilfrydedd
saetha fry yn ei blaen,
i agor llenni'r cymylau
heb falio fod yr heulwen
yn bygwth crino'i hadenydd.

Ond o unman
daw cornchwiglen
a'i llyncu.

Taith yr enaid

Ymwthiaf o'r corff cythryblus
yn storm yr anadliad olaf ...

    Esgyn
    tua'r entrychion,
    rwy'n esgyn
    ar antur o echel,
    tua'r lloer
    rwy'n saethu'n
    seren wib,
    trwy wyll arian
    heibio'r lleuad
    lygadwen yn gomed
    o'm corun
    i'm sawdl fflach ...
                gyn ...
                    ffonnog ...
    Rwy'n lluwchio fy olion
    drwy bob bydysawd.

Gwelaf, o gyrion y graig leiaf
a fu'n blaned cyn i ddyn
ei gwasgu'n ronyn o dywod,
y gilfach gefn o gysawd,
a rhyferthwy'r eangderau
yn galw fy enw.

Rwy'n gwthio i gyrraedd
muriau'r terfynau mawr,
wele orwel y gofod
a'r ffin yn Rhiannon
ar ei march
am y gwagle â mi.

Teimlaf nerth terfysgoedd daear
a stormydd Andromeda,
pob nebiwla yn llarpio'r gwacter,
pob llonyddwch.

Gwelaf y di-ben-draw
yn fodolaeth amhosib,
yn realiti disglair;
troellaf yn gynffonnog o'r fan
gan greu gwythiennau newydd ...

Myfyrion o'r orsaf ofod

Y Ddaear yn addurn,
yn rhan o'r dodrefn
o'i gwmpas

a'r sêr yn ymestyn
yn bellach
na'i ddychymyg.

Yntau yn nofio
ar ddim. Ond rhyw ddydd,
drwy'r wawr a'r machlud,
bob awr o bob dydd
a phob awr o bob nos,
daw ei ben i grefu
am gael rhoi ei draed
ar y ddaear.

"Tybed beth sy'n digwydd
ar *Pobol y Cwm*?!"

Y duwiau newydd

Miliynau yn pori ar liwiau'r bocs,
yn addoli Theia wrth fflicio
drwy sianeli eu lluniaeth.

"Trowch i'r chwith ym mhen y lôn …"
yw gorchymyn Hermes o'r sgrin fach
yn y car, a'r *zombies* yn dilyn mor slafaidd
yn lle teimlo'r tirwedd.

Cynllwynia Dionysos i ddanfon
y gwan i gyrchfannau pleserau'r cnawd
gan fwydo ar eneidiau diniwed
drwy fryntni gweithredoedd y gwefannau tywyll.

Goruchwylia Hades ac Ares
bob dinistr ac fe'u llonnir wrth wylio dynion
yn teipio cyfeirnodau i dywys taflegrau
i'w beddrodau terfynol.

Tyf y duwiau'n gryfach
wrth deimlo dathlu'r dinistr
a chlywed y dagrau yn y llwch.

Dyrchafwyd Sputnik
yn Zews i arwain dyn,
wedi i ddyn ei droi yn dduw.

Ein bydysawd rhwng ei fysedd …

Cwyd farblen
     o'r fowlen yn ofalus
         a'i byseddu, ei throelli
yn araf
    ar ei hechel
       a'i edrychiad yn treiddio
          i'w chrombil.

Oeda i edmygu'r sglein
     sy'n chwincio arno,
        fel bugail yn ei llygadu
          gan weld pob un o'i braidd.

        Ond mae un farblen
     yn ei ddenu
dro ar ôl tro …

Ac ar ei orsedd,
     pendilia. Pendrona'n
dreiddgar o finiog.
     Pam hon?

Hon a'i sêr
a gyfuna yn gyfanwaith
i greu pilipala
drwy'r niwl dulas
sy'n ei gyffwrdd cymaint.

Hon sy'n ei wylltio
am na all ei hedmygu
heb ei meflu
â'i fysedd.

Hon a'i hymylon
sy'n llyfnach na gwefusau
y gusan gyntaf.
Hon sy'n belen
o berffeithrwydd
na all ei esbonio.

Ar ei orsedd,
bysedda'r farblen
a gwenu …

Tir Neb

Emyn rhyfel

Ni yw hil eiddil Adda'n
rhwygo dyn rhwng drwg a da,
mewn ffos clywir emyn ffydd
a rhyfel nawr yn grefydd.
Â gwn a bom, gwyn ein byd
a'n holew'n ffrydio'n olud.
O deml i deml daw ymladd,
pob blast llawn llanast y lladd
o blwyf i blwyf, o'r Beibl â'r
rhuo drwy'r byd a'i strywa'n
baith a'n holl obaith yn llwch,
er gweiddi rheg o heddwch.

Sul y Cofio

Ni wna'r weddi hi'n rhwyddach, – nid â ias
    bom a dyr ddynionach
na'u dolef yn dawelach
ag ergyd un funud fach.

Mynegai hapusrwydd
David Cameron

(Penderfynodd ein hannwyl Brif Weinidog Prydeinig y byddai'n mesur
hapusrwydd pobl Prydain yn ogystal â'u GDP)

Dave, *old chap,* wyt ti'n hapus?
Fonwr, frawd, gofyn ar frys
ydy SAD yn dy sadio
a'r whiff o haf nawr ar ffo?
Ydy Clegg a'i daclau hy,
Deg Downing dy gyd-dynnu,
WikiLeaks (a'm ticla i),
yn dy ben yn dy boeni?

Daw'r iselder â'i swildod,
min o boen, y mwya'n bod,
a siop siafins heb siafio,
drwy din-droi daw yn ei dro
chwerwedd, llesgedd sy'n llosgi,
mae'i sbrag yn y dram o sbri.
Yn ddi-raen o feddw ar rym,
daw stad *wasted* dy ystum.

Gwena, mi gana' i gân,
chum, 'co Valium i'r felan,
ga' i wneud jig â nwyd Jagger
neu *fassage* llawn o nwyf, Syr?
O, cymer sip, cymer sedd,
rwy'n donig i'r undonedd.

Old chap, sit back, ymlacia'n
etholiadau'r dyddiau da
â chwtsh a thwtsh o Thatcher,
two sips unwaith eto, Syr!
Cymer lwnc o ha' Merlot,
yfwn er mwyn anghofio.

Er niwl hallt deigryn a'i lif –
nid Prozac y *depressive*.
Mae'r wên yn fy Nghymru i
a thelyneg i'th lonni,
ewyllys i'th ddiwyllio –
yn dwrw a chân, yn dri cho',
a gwaddol o gywyddau'r
iaith lân hon i'th lawenhau.
Fonwr, frawd, gofyn ar frys,
o grapio gwneir gŵr hapus!

Coeden Evelyn Mwale

(Ym mhentre Sakalele, Zambia, dechreuodd Evelyn Mwale ysgol o
dan goeden. Tyfodd yr ysgol o 55 o ddisgyblion i'r
350 sy'n ei mynychu heddiw.)

Dwi'n un â'r goeden hon,
daw gobeithion ohoni.

Collais innau hefyd ambell ddeilen,
rhwygwyd fy rhisgl yn rhacs,
aileginais fel mil gwanwyn
a chwysais mewn haul
gorgrasboeth i greu cysgod.

Wyf ei chysgod …

Fel y tyfodd o hedyn yn ddinas o natur,
yn briffyrdd o fodrwyon ei hoedran,
yn frigau o dechnoleg,
yn ganghennau gwybodaeth
a dail dysgeidiaeth soffistigedig eu gwead,
yn drên tanddaearol y gwreiddiau,
yn brysurdeb o wyrddni,
tyfais innau. Tyfaf innau …

Yn ei chysgod,
drwy ei chysgod,
mae cyfle, mae cyfoeth,
mae cofio, mae'r cyfan.

Tyf gobeithion ohoni,
dwi'n un â'r goeden hon.

Dangosaf iti aflendid ...

Padla mab fy mab
yn nŵr brwnt Bae Merthyr
a'i ysgyfaint asmatig
yn bustachu anadl ddofn.

A'i frawd at ei ganol
mewn carthion yn cwrso
llysywen ffyrnig at ei ginio,
herciaf yn henwr
dall dianadl i'w atgoffa
o'r byd na welodd erioed.

Cosaf ei ddychymyg a thynnaf ddŵr
i'w ddannedd ag atgofion
o gyfrifiaduron yn cario
e-golomennod dros yr Iwerydd.

Dinasoedd o siopau yn gloddesta ar gardiau
plastig gan chwydu eu danteithion
i fagiau plastig ein chwant.
Ceir yn ein cludo o fwyty i gyngerdd,
o gartref llawn gwres canolog
i faes awyr sgleiniog.

Atgofion o fwg a chyfleustra
a'r cyfleustra nawr yn fwg i fab
fy mab ei anadlu yn ddwfn wrth badlo
yn nyfroedd brwnt Bae Merthyr.

Er cof am Per Denez

Rhoddodd ei gryfder iddi, a rhoddodd
ei ruddin i'w theithi,
a'i nerth i'w geiriau, i ni
rhoes e her i'w thrysori.

Awst 2011

Hydref

Ar drai hir â hud yr haf, – di-ferw
yw'r diferion olaf;
distryw o ddilyw a ddaw
yn fraw, yn fôr o aeaf.

Noson i'r brenin
(i Jarman)

Sŵn gitâr rocar a'i eco'n rhegi,
a *reggae* sydd heno'n
cymell y llanc i sgancio'n
y gìg hwyr drwy fwg y co'.

"Exterminate!"

(Des ar draws Dalek bach *remote control* mewn siop elusennol
gan fwydo fy obsesiwn!)

Un Dalek llawn dialedd,
un Dalek a'i glec yn gledd,
un Dalek, Dalek sy'n dod
o hundir fy mhlentyndod ...

Mae llef fy holl hunllefau
yn y sŵn sy'n agosáu,
sŵn llawn annwn lle hunais,
rasel oer o ias ei lais,
sŵn llais sy o'i eni'n lladd
a sŵn grŵn a ddirgryna
'ddaw yn nes a'i waedd yn oer.
Rhwyga llais o'r gwyll iasoer,
nodwydda fy nedwyddwch
a'i lygadus wŷs o'i swch.

Nid oes dim gwerth mewn chwerthin
i Davros a'i blantos blin.
Wyneb yn wyneb â hwn,
yn eisiau mae'r emosiwn.
Ddraig annwfn, chwyth ddrygioni
yn dân, yn gryman o gri,
Beelzebub o lais pur
o uffern gwae a ffwrn gwewyr.

Ond o hirdaith â'i Dardis,
gwlad lle mae eiliad fel mis,
i'r Dalek, hwn yw'r dilyw,
hwn sy'n fraw a ddaw yn dduw,
wele fôr doctor sy'n dod
yn wendon drwy 'mhlentyndod.

Nosweithi Sadwrn yn yr wythdegau

(Moliant i'r A-Team)

Wedi inni redeg drwy bob pwll o olau dydd
a'n dychymyg yn chwys a'n 'winedd yn llawn pridd,
a'n hantur wedi datod mewn bath o ddŵr brwnt
drwy focs y lliwiau daw llais cyfarwydd o'r tu hwnt.

Byd rhyfedd y "B plis, Bob" sy'n para mor hir,
diflastod o'r mwyaf i ddau frawd, a dweud y gwir,
gwaeth na disgwyl Siôn Corn yw'r geiriadur o sioe,
i blant saith mlwydd oed nid Bob Holness yw'r boi.

Ond a Bob a'i lythrennau ar fin ein hala ni'n grac
a Dadi'n y dafarn a Mami mas y bac,
dros guriad y drwm sibryda'r llais ar y sgrin
fod ein gwarchodwyr wedi cyrraedd i ddod i gicio pob tin.

Hannibal a'i sigâr yw'n tad am yr awr;
ry'n ni'n saff yn ei fwg, a B.A. yw'r brawd mawr
sy'n bygwth i'n cysuro a'i holl nerth yn ei lais,
y *bicep* o ddyn sydd ddim moyn troi at drais.

Y cefnder llyfn sy'n dod â'r taffis yw Face
yn bluen eira o cŵl beth bynnag yw'r gwres,
a Murdock dan y cap sydd â phlyg yn ei big
yw'r wncwl direidus a'r llygaid chwarae mig.

Americanwyr milwrol sy'n gwrthod y drefn,
anterliwtiau o gang sy'n gadael moeswers drachefn,
astroffisegwyr o ysgolheigion heb radd,
athrawon ysgol Sul sydd yn dysgu 'na ladd'.

Angylion yw'r rhain, nid lladron pen-ffordd,
arwyr nid carcharorion sy'n chwalu creigiau â gordd,
arloeswyr sydd â chynllwyn i guro'r rhai drwg,
anturwyr a'u holion yn stwmp sigâr dan y mwg.

Oscar

Bu 'na gath yn byw'n gaethwas
i'r stryd oer, y strae o das
digartrefedd y meddwyn,
yn dagu hyll du a gwyn.
"Dyna chi un cwdyn chwain,"
bu *neighbour* snobi'n ubain.
"Caeed y sgryff mewn cawell,
aed ag e i fywyd gwell!"

Mewn oerfel main a hirfaith,
myn sêr, roedd hi'n meinws saith!
Llwglyd rog, esgyrnog oedd,
anwydog o wan ydoedd.
Heb gariad bu'n begera
ar hewl oer o wely iâ,
a thisian bob un anal,
drewai â chot fudr ar chwâl.

Yn igian ei unigedd
a'i beswch yn beswch bedd,
ca'dd wasgod o'n maldodi
a thwymo'n iawn. Wrthym ni,
a'n mwythau'n drawstiau drosto,
a chariad iach, ir o do,
a'n cysur yn fur, yn fwyd,
o'i eiddilwch, ca'dd aelwyd.

Y cynhaeaf mêl

(I Hywel ac Alaw ar ddiwrnod eu priodas)

Y gorau o bob blodeuyn melys,
    melys bob diferyn,
    stôr o fêl Awst hirfelyn
yw'r ddwy galon heno'n un.

19 Awst 2011

I Rhys ap Rhobert

(Mab y diweddar Rhobert ap Steffan)

Lle mae'r bwlch, mor llwm yw'r byd, – a'r hedd hir
    o ddu hallt yn benyd,
    a lleufer yn wyll hefyd,
drwy'r co', Rhys, daw'r cawr o hyd.

I'r fenyw benderfynol

(Lowri Morgan)

Mae'r amhosib yn bosib i hon, – rhed
    hi ras ein gobeithion;
    i'w gwawr rhed dros blaned gron
ar hewlydd ei gorwelion.

Mai 2011

Celtia

Yn ôl i Geltia

Nos o gwilt sydd dros Geltia,
daw un dyn i dir ei dad,
yn ei ôl o ryfela

daw'r brodor, diwedd mordaith
a gwadu mawr degawd maith,
diwedd ffoi i fomio'i famiaith.

Cad! Pob dywediad ar dân,
pob sillaf mewn cyflafan,
bomio rhag cofio'r cyfan

i wadu ei dreftadaeth,
bys o awch a bwa a saeth
i wenwyno'i hunaniaeth.

Ond heno, ar y tonnau
o fôr oer edifarhau,
gwêl heniaith ar y glannau …

Pibau a chwedlau a chân, a 'nhynnu
i ymuno'n eu cytgan;
i'r hwyl teimlaf ar wahân,
rhegaf eu holl ddarogan.

Rhwyga'r wawr, y gri o wae,
ei chwerwi wna'r camchwarae.
Rhytha yn syn wrth nesáu –
llynnoedd lle bu perllannau,
peilonau wedi'u plannu'n
heriol o dal, gorwel du –

tyrrau hy o ffatrïoedd
oll ar waith ar fan lle roedd
ŵyn ifanc yno'n prancio'u
gwanwynau ar gaeau'i go'.
Arwyddion estron eu hiaith
a'r rheiny'n oer o uniaith
ar y rhaffau o briffyrdd
sy'n staeniau, a'i gaeau gwyrdd –
y tir wast oer a'i tristâ
a dinas nas adwaena
a roes naid, codi dros nos,
a bygwth â'i chaib agos.
Anheddau hyll a'i gwna'n ddig
yn gadwyn ddatblygedig.

Dan redeg i'w gartre gwêl
olion cad ar lun cawdel.
Oer fel carreg yw'r gegin
hithau, dros y gwydrau gwin
yn cwyro mae gwe corrod.
Anfon ei galon i'w god
wna'r hen aelwyd arswydus,
trwyddo'r â rhyw chwa o chwys.
Trychineb heb ateb yw,
nodwydd trwy'i lygaid ydyw.

Ysaf am dyfu pluen, ehedeg
ag adain colomen
o ormes fy hanes hen,
cael dianc i weld awen.

Dan ddrycin â i'r ddinas, er syndod
fe â, a darganfod erwau o gynfas –
y darlun sydd fel byd irlas, parciau'n
llawn o stablau ceffylau a phalas.
Gwêl erddi, arogla'u hurddas, dim chwyn!
Amau wedyn a fu yma Midas.

Tarana'i gof, troi yn gas wna'r ennyd,
yn alltud, pris drud a dalodd ei dras.
A sŵn chwyrn utgyrn atgas nawr yn fwrn
mae'n codi dwrn, mynnu cad â'i deyrnas,
iaith anodd heb berthynas i'w chywair
yn ei yrru o'r ffair, poera â phwrpas …

    Swynol yw holl gasineb maleisus
      militia a'i undeb,
        o'i chwennych gwnaf drychineb
        â dwrn o waed trwy dir neb.

Trwy'i aeaf rhy araf yw'r oriau
mudan, hongian ar fachyn angau'n
ffiaidd o weddwaidd wna â'i ddyddiau;
tunnell ar dunnell o gwestiynau –
ai galanas aeth â'i berthnasau
neu ai antur i'w ganfod yntau?

    Drwy'r gang fe gaf ddihangfa; blerwch
      pobl eraill a'm huda;
        fe'm lleddfa mall y lladdfa;
        'da'r ffrwydrad daw'r teimlad da.

Yma'n llwm y mae un llwyth,
reit welw ydyw'r tylwyth,
maen nhw'n mwmian eu mamiaith.
Un foel iawn yw'r ogof laith
sydd fel beddrod cysgodol
i'r rhai sydd heb ddim ar ôl.
Hen racsyn llawn o ddrycsawr,
clwtyn hyll, yw Celtia nawr.

O gesail tre'r adfeilion
wele simne 'nôl y sôn
yn boeth gan bwffian o bell
o'u cwmwd yn eu cymell
a'u hudo â chwilfrydedd;
ai meirw byw'n camu o'r bedd?

Er ffoi unwaith, daw'r gorffennol yn awr
i 'nharo'n ysgytwol
yn saeth o hiraeth heriol,
hen glwy nawr a'm geilw 'nôl.

Er y niwed, dechrau o'r newydd
wna'r Celtiaid dan adain arweinydd;
ailadeiladu eu haelwydydd
a chryfhau'r seiliau is y welydd,
ffrwythloni gerddi drwy eu gwawrddydd
a bwrw ysgub drwy'r holl brysgwydd.

*   *   *

Yn hirnos y ffos orffwysol, o'r bedd
dwfn, drwy'r byd materol
rhua fy iaith ar fy ôl
ar dafodau'r dyfodol.

O drengi ar drai angof
trwy'r tir chwyth eto'r tri chof
a dyfal sisial yn si
i'w gadw'n saff, ac wedi
sawl canrif a sawl prifardd
mae'r Gelteg fel caseg hardd
ar garlam trwy gae irlas
lle bu paith, yn iaith llawn ias,
gosgeiddig ei hysgwyddau
ar y ddôl yn ymryddhau,
yn hawlio teyrnas heulwen –
lled y byd lle daw i ben
ledrith ei holl belydrau,
pora hi; heddiw parhau
wna rhin geiriau'n y gweryd
a hithau'n garnau i gyd.

Rwbel Rhydfelen

(Ymweliad â safle fy hen ysgol wedi iddi gael ei dymchwel)

Yn rwbel fy Rhydfelen – mae hanes,
mae enwau, mae Awen
dan ddrynad, a hen ddraenen,
yn dir o wast wedi'r wên.

Diolch i Rhys Dafis

(Fy athro yn y gynghanedd)

At stiwdant heuaist hedyn; – gofalu
y gafaelai'r gwreiddyn
pur eiddil yn y priddyn,
o odli dysg, deilio dyn.

Ymryson y Beirdd

(yn 60 oed)

Ar ffin rhwng odlau'n crino, ac irddail
o gerddi'n blaguro,
cynnal tw' yw cadw co'r
cae o awen rhag gwywo.

Tawelwch y cwm

(Tanchwa Six Bells, 28 Mehefin 1960, lle lladdwyd 45 o ddynion)

'Dda'th neb gatre o blith yr adar mân
a hithe'n Fehefin hyfryd o ha';
ma'r cwm yn ddwedwst ond am grawc y frân.

Ma'r platie ar y ford fel ei llien yn lân,
drwy frige'r nyth chwythodd y gwynt yn chwa;
'dda'th neb gatre o blith yr adar mân.

Ma tician y cloc yn mynd yn gro's i'r gra'n;
roedd dwylo'r lladmerydd yn dalp o iâ;
ma'r cwm yn ddwedwst ond am grawc y frân.

Dau blat yn ormod i swper yw ôl y sta'n;
rhy dwt yw'r parlwr a glendid yn bla;
'dda'th neb gatre o blith yr adar mân.

Ma bysedd y cloc yn mynnu mynd yn 'u bla'n
a'i gord bob awr yn lle'r trydar sol-ffa;
ma'r cwm yn ddwedwst ond am grawc y frân.

Eneidie yn sgrechen o'r pwll drwy'r tân;
ma'r haf yn rhy dwym i'r holl ddynon da;
'ddaw neb gatre o blith yr adar mân;
ma'r cwm yn ddwedwst ond am grawc y frân.

Nant Gwrtheyrn

(Taith lenyddol i'r Nant fel disgybl yn chweched
dosbarth ysgol Rhydfelen)

Yn fws o chwerthin
gadawsom y cwm,
dros fynyddoedd yn gwgu
ar hewlydd y wlad a ninnau
fel gwaed trwy wythiennau Cymru.
Aethom yn dyrfa swnllyd
at lonyddwch y Nant.

'Sdim smic
am awren yng Nghilmeri
a maen y cof yn miniocáu
geiriau Gerallt
yng ngalar y glaw.

Wrth geisio copa'r Wyddfa
tu hwnt i'r farf o gymylau,
awn ymlaen ar ein hynt
yn gynt ac yn gynt
nes i'r gwynt ein bwrw
a Llithfaen yn teimlo fel
Penn ar Bed.

Yn y Nant
mae'r chwedlau'n fyw
a ffyrnigrwydd y talwrn
rhwng y ddwy ddraig
yn dal i siglo'r
meini,

ac yn y Nant
mae'r meini'n siarad,
yn adrodd eu hanes
o wrando'n astud.

Yn bob math o acenion:
rhai ochr y geg a rhai llond ceg
o farblis, acenion Wil Gobl Gobl
a Siôn Blewyn Coch,
yn llithriadau dysgwyr
a geiriau mawr geiriadurol,
ebychiadau Mostyn Fflint
a mwynder braf y Wenhwyseg
fel sŵn y llanw'n siffrwd
yn y bae.

Ac ar ein teithiau
y Nant oedd ein cyrchfan
a'i meini yn groeso i gyd
drwy'r cyfnos anghynnes –
ninnau'n 'studio'r crac yn wal 'rysgol
ac o Ryd-ddu
i loerigrwydd y Lôn Bost
a galar Bedd Gelert
yn ddim yn wyneb dagrau Llan-faes.

Yn y Nant,
mae'r meini'n siarad
o wrando'n astud.

Darluniau

(I gymoedd de Cymru)

Rwy'n gweld wyneb yr hen gwm
yn drist a'r dagrau yn drwm
wedi'i erlid â hirlwm.

Hen fochau oer, afiach ŷnt
yn rhynnu'n y dwyreinwynt,
tristwch sy'n llifo trostynt.

Gafael yn yr ysgyfaint
wna llwch yr holl lo, a'i haint
yn annog rhychau henaint.

*　　*　　*

Â chof na ŵyr am gofio
y daw'r rhai chwil heb dri cho'n
ddihirod heb ddihareb
na iaith a'u cyndeidiau'n neb.
Ar feiciau ânt drwy faw ci,
criwiau'n hawlio'r corneli
yn wystlon i fis Ionawr
a dim i'w wneud yma nawr.

Drwy'r cwm, draw ar y comin,
rhua haint yr *heroin*
at oerfel capel 'di cau;
offeiriaid y cyffuriau'n
rhoi eu bendith i'r bandit
am un awr ag amen hit.

"Hiya luv" yw'r alaw hyll
a genir wrth ymgynnull
yn hwyrnos y tafarnau;
"I'd do you!" sy'n uno dau.

Syched merched amharchus
a chwant y bechgyn yn chwys
a'r iaith fain drwy'r nerth o fod
yw'r tyfiant ar y tafod.

Dymunaf weled Monet
nid twyll a loes twll o le,
graffiti, gŵr a phutain
(rhwd yn yr injan yw'r rhain)
a gwan iawn yw eginhad
yr heniaith yn y drynad.

*　　*　　*

Daw alaw o'r ysgolion –
rhyw do iau sy'n morio'r dôn,
ar yr iard yn canu'r iaith
a'r heulwen yma'r eilwaith.
Wrth hala neges destun
neu rhwng cusanau dau'n dynn,
cwrdd â phobl, datrys problem,
yn y gìg, wrth chwarae gêm,
llawn gobaith yw'r iaith i'r rhain
er y daw'r gwynt o'r dwyrain;
yn ddreigiau o ddarogan
mae'r to iau am ruo tân!

*　　*　　*

Af am ennyd at wynfyd fy nghynfas
a pheintio gardd llawn o flodau barddas,
yn lle hirlwm – lliwiau irlas, daw iaith
gobaith â'r campwaith yn fyw o'm cwmpas.

I droi bwledi'r rebel a'i wawdio'n
haelioni cariad, calonnau'n curo,
peintiaf lun a dihuno'r dadeni
a'r cwm a'i regi'n dechrau Cymreigio.

Daw rhyw oleuni o olew'r darluniau
fel hynt hen gerrynt drwy rythm y geiriau'n
hwb o hyder i'n bywydau a'n byd
yn lliw i gyd, yn sêr mewn llygadau.

Â'n hasbri daliwn yr ysbrydoliaeth
ac awn tua'r brig â'n gweledigaeth
a hudwn â'n cenhadaeth, a ninnau
yn canu awdlau ymhob cenhedlaeth.

Ym mhen draw'r enfys ...

(Ysgol Gynradd Pont Siôn Norton yn 60 oed)

Yng nghil y mynydd rhwng llechweddau llwyd
lle trawodd enfys a gadael ei hôl,
mae deffrofa'r synhwyrau'n glir trwy'r glwyd.
Gwelir bloedd yn bistyll wrth sgorio gôl
a chlywir lliwiau lleisiau'n canu cân
a'r nodau i'w teimlo'n dân gwyllt drwy'r nen,
ac ar dafodau'n ddiamwntiau mân
tywynna'r iaith a'i cheinder o bob pen.
Ac yn glyd drwy'r glwyd, gwelaf eto grwt
yno'n ymbalfalu i'w ganfod ei hun,
yn cropian drwy'r iard cyn dianc o'i glwt
a dilyn yr enfys, wrth dyfu'n ddyn,
i'r ochr draw lle roedd llais. O fod yn fud,
roedd yntau'n barod i wynebu'r byd.

Katell

Heno 'sdim un gair gwerth ei yngan
na rebel o fys eiliade a fyn fynd sha 'nôl,
'sdim un gwanwyn a all leddfu'r gaeaf hwn
nac Ankoù[1] trugarog a'i gryman yn dal heb gwmpo,
boddi'r sêr wna dagrau'r lleuad
ac ni chwyd y wawr o'i gwely.

Heno, gwag yw'r bydysawd,
hebot ti, gwag yw'r geiriau hyn,
a dim ond twll du yn dy le,
hwnnw wedi llyncu'r
planede cyfagos yn gyfan.

Yna tywynna dy wên
mewn ffrâm ar furiau fy meddwl.

Ond fe est a chau'r drws yn glep.
Torraist yr allwedd
yn nhwll y clo.

[1] Yr Angau – personoliaeth chwedlonol yn Llydaw

Marwnad Mynydd Epynt

Bwledi lle bu blodau, rhyw waedu
　　wna'r ystrydeb hithau,
　　a dafn o waed yn dyfnhau'r
　　aberth yn ystrydebau.

Ai aberth ynte rheibio'r hanner cant,
　　ac enw'r cae'n crino?
　　Hanner cant yn erwau'r co',
　　erwau'r gwaed a'r ergydio.

Ar hyd erwau diarad' daw sgwodi
　　a'i sgidiau'n llawn ffrwydrad,
　　a'i Gymraeg e ym mro'r gad
　　yw'r rwbel yn Nhir Abad.

Gwêl yr abad anfadwaith, gwêl hefyd
　　hen glwyfau yr artaith
　　o adael byd. A wêl baith,
　　a faluria filwrwaith!

Milwyr, milwyr yn eu miloedd! Ni ddeil
　　addoli'r oedfaoedd.
　　Rhyfel hyll o griw a'i floedd
　　'ry foliant i ryfeloedd.

Yma heliwyd pob moli, hel dagrau
　　calonnau Cilieni,
　　a hel ei hacenion hi
　　drwy bladur y bwledi.

I'r Prifardd Rhys Iorwerth

I fan hyn, aeafau'n ôl,
daethost i ddinas dethol
y cyrri hwyr a'r pyb crôl.

Ond o yfed a'i afiaith,
meistrolaist, yfaist hen iaith,
medd cynghanedd ein heniaith.

Llowcio o bibell acen
a gwasgu'r broest o'r gasgen
yn gwrw oer ein geiriau hen.

Gwelaist win yn troi'n finag,
gwelaist ddagrau'r gwydrau gwag
a bariau'n gaib o orwag

a rhoi geiriau i gariad
aeth o ferwi, i oeri, i frad
galar oer dieglurhad.

A gwelaist drwsio'r galon
yn aduniad cariadon
â'r wawrddydd ar ddeurudd hon.

Nawr, wyt fwy nag Aneirin
a thlysach na Thaliesin
â'th glera'n gwella fel gwin.

Ai yr ail Dudur Aled
neu Iolo Goch wela' i, gwed?
Ai'r hen Wilym rwy'n weled?

A ryffians am greu trafferth,
yn fud af, wyt fwy dy werth –
yr oes aur yw Rhys Iorwerth.

Y rafin yw'r prifardd

(I'r boi-rêsars yng Nglyn Ebwy)

Mae ei reddf yn llawn steddfod,
wrth y llyw mae'n byw a bod,
rownd a rownd a rownd yr â
rhod ffast ei Ford Fiesta,
a gwna gylch o amgylch hon,
yn rêfar a'i lawryfon.
Rev ar *rev* rownd y brifwyl,
canu'n wyllt drwy decno'i hwyl
a'i *alloy*'n pasio eilwaith
yng nghylchdro diwyro'i daith.
Diwyro yw'r dihiryn
ond fe nawr yw'n tad fan hyn.
Fe yw'r rêfar o rafin
fin nos sy'n dangos ei din;
fe yw'r iob a hafau'r iaith
yn rowli'n ei gar eilwaith;
fe yw'r *hash* sy'n britho'i fro,
gêr yr ŵyl, gwâr yw rolio'n
ebwy o ias, off ei ben
a'r miaw miaw'n drwm o awen.
Y dwys-glerwr disgleiriaf,
Jim Parc Nest o jamp yw'r cnaf.
Mi rasia drwy'r ymryson
a deg ar ôl deg yn don
o farciau'n iasau oesol,
tyr traw ei *hit* ar ei ôl.

Cymryd pìl yw'r pafiliwn,
iaith *high* y Pethe i hwn
sy'n hanner gram o ddrama,
cynnau dŵb y canu da.
Y mae e'n snorto'r corau'n
un lein hir i'w lawenhau.
Ym merw rêf y Gymru wâr,
byw yr ias wna'r boi-rêsar.
Mae ei reddf yn llawn steddfod;
myn Duw, mae'n ei byw a'i bod.

Ymson Cardiffian

Mae brwydro ers tro drwy'r stryd –
fel *convoy* hil y cynfyd
dônt o bell â'u 'hell' a'u 'hach',
"Su' mai?" deyrnasa mwyach.
Daw llu clên trwy dwll y clo'n
llawn hyder oll yn heidio'n
barau ieuanc o'u broydd
â'u geiriau dwl i Gaerdydd.
Y bobl hyn, sydd nawr yn bla,
yw'r gwenwyn yn Nhreganna.
Nid wy'n Sais, ond nid wy'n siŵr,
ydw i'n frawd neu yn fradwr?

Bryn Teg

(Digwydd pasio cartref fy mhlentyndod ym Mhontardawe)

Erys grisiau o groeso, – erys gwres
a grât o Gymreigio'n
gartref yng nghartref fy ngho'.
Â Fair Hill rhaid ffarwelio.

Marwnad y Strade

(Ymweliad â'r stadiwm wrth i'r gwaith o'i dymchwel ddechrau,
a sylwi mai perchennog y Gweilch, Mike Cuddy, o bawb
sy'n gwneud y dymchwel!)

Es am dro i'r maes am drem
o'n hallor, lle'r enillem
frwydr ar frwydr fawr, waedrudd,
a'r cawr dewr yn concro'r dydd.
Hen gawr Mynydd y Garreg
a roiai "O!" yn un rheg
cyn rhoi *hell* i bob gelyn
a'i arf oedd iaith, barf o ddyn.

A lle bu Grav, bu Dafydd,
un di-ffws, yn cadw'i ffydd
a hala'r Gweilch 'nôl i'r gwyll,
chwarae duw o'r ochr dywyll.
Milwr ar yr ymylon
pan redai, deuai yn don
i herio cewri Ewrop
yn don ar ôl ton i'r top.

Yno bu Bergiers fel *jet*;
'ma'r lle bu enwe – Bennett
a Quinnell yn cnoi'n ei hast
fur o rycwyr i frecwast.
Ieuan ar dân a dynion
dan fwd. A hwnnw o Fôn –
y wên a'r brên oedd McBryde,
y rhain oedd ein barwniaid.

Yma'n adfail, dadfeilio
mae cae a stadiwm y co'.
Bydd gwlith buddugoliaethau
oes a fu'n sychu. Nesáu
y mae'r diwedd, mae'r düwch,
llenwi'r lle hwn a wna'r llwch.

Ond a'r hud a fu ar drai,
fe glyẅn sŵn a'm synnai,
uwch hwp Grav a'i chwip o gri,
o bair sŵn sy'n briwsioni,
uwch adlais yr holl chwedlau,
uwch atgof y cof o'r cae,
craen a'i straen didostur oedd,
difodiant, difa ydoedd.

Sŵn dymchwel, sŵn y gelyn,
sŵn y diawl i synnu dyn!
Nid maes cad ond maes Cuddy'r
air raid nawr yw'n Strade ni.
Kandahar yw'n maes chware,
marw'n *limp* y mae'r hen le
yn ei arch o dan warchae,
dan *scud* â hanes o gae.

Ffeito'r jawl â *fighter jets*
o awyrlu y Scarlets,
mynd i drin ag *unmanned drone*,
ni wnawn, nid awn fel dynion
byr eu *tools* y Liberty.
(I ennill, 'sdim rhaid prynu!)
Na jawlo iaith Nigel O,
na rhegi'r holl Gymreigio.

Na ildiwn, gwnawn fel Waldo,
o annwn canwn er co'
rhag budro'n ffynnon â'i ffi,
cadwn y mur rhag Cuddy!

Enaid gwyllt Rhoscolyn

Erys Gael yn Rhoscolyn
a'i lwybrau yntau yn hŷn

na Chybi a'i weddïo,
hŷn na'r cae a brefu'r co'.

Hŷn na Gwenfaen[1] o gynfyd
a'r iacháu o boenau'r byd,

hŷn na'r iaith sy'n rhuo o hyd,
hŷn na haf Saeson hefyd.

Dyma gyrchfan paganiaeth,
enaid gwyllt o go' a aeth

yn angof â'r atgofion,
rheg o dir yn rhwyg y don.

[1] Hen ffynnon yn llawn o ddŵr a ddenai bobl o bell i gael eu gwella

I gawr Mynydd y Garreg

(Cefais y fraint o ddarllen hwn i Ray Gravell ar ei raglen radio foreol.
Mae'r llinell olaf bellach i'w gweld ar benddelw ohono yng
nghyntedd BBC Cymru, Llandaf.)

Gweld y gorwel wna'r gwladgarwr, – gweld coch
a gweld cais yn heriwr,
gweld chwedl y genedl wna'r gŵr,
un o'r werin yw'r arwr.

Grav

Nid yw'n bod ond troednodyn i ferw
holl fawredd y darlun.
Ond myn Duw, y mae un dyn
'di nodi'i enw wedyn.

Cei gysgu heno …

(Er cof am Iwan Llwyd)

Ein rebel llawn arabedd, bardd y bît,
bardd y byd mawr rhyfedd,
cei heno huno mewn hedd,
ni huna dy gynghanedd.

Ni chanodd yr adar heddiw

(Cyfres o benillion Haiku a sgrifennais flwyddyn union wedi i farwolaeth Iwan Llwyd gael ei chyhoeddi. Diweddodd y diwrnod gyda gwennol yn hedfan i mewn i ffenest flaen fy nghar.)

Glaniodd deryn du
o'r entrychion yn fy ngardd
yn llawn llwch o'r lôn.

Gwelais dy farcud
coch yn cylchdroi'r cae a'i gwt
yn fforch yn y lôn.

Clywais yr osgordd
yn cyrchu corff yr hedydd
adre ar y lôn.

Rhegodd crawc y frân
gan lwydo lliw'r dydd am nad
wyt ti ar y lôn.

Dawnsiodd un wennol
yn wên at ffenest fy nghar
cyn i'r lôn ei lladd.

28 Mai 2011

Deomp d'an Oriant[1]

Tua'r de tu hwnt i'r dŵr
yn *diwan* mae'r Llydawr.
Am wn i, y mae 'na ŵyl,
pair rêfio fel ein prifwyl,
gŵyl ffwl-pelt i'r holl Geltiaid,
awn yno heno'n un haid
a'u mobio â chôr meibion,
nodau'n groch, nid hen diwn gron.
Cynnau synau Brezhoneg
wna'u *binioù kozh*, a phob ceg
yma yn llawn o famiaith
yn rocio a rapio'r iaith,
eu *kann ha diskann* dasga
wreichion Brython yn byw'r ha'.
Yn nhwrw'r cwrw Coreff,
twrw creu hetwyr a'u crefft,
twrw beirdd, taro byrddau,
diball yw'r deall rhwng dau.
Rhaffu Awst wnawn â'r *fest-noz*,
bombard yn swyno'r *bimbos*.
Cenhedloedd yn canwdlo
a'u cân fel cusan i'r co',
yn dinboeth ac yn danbaid!
Awn yno heno'n un haid
tua'r de tu hwnt i'r dŵr
a *diwan* pob Llydawr.

---

[1] Awn i Lorient

Alan Stivell

(Gweld poster ohono'n cyngherdda wrth gerdded drwy dref
yn Llydaw ar fore glawog)

Daw hil yn fyw â'i delyn,
a'i thiwn dlos fin nos fan hyn
yn llawn gwres i'n cynhesu,
fe ddaw â haul i'r nos ddu.

Y bobl oll yn codi bloedd
a'r ias ym mît yr oesoedd,
synau'n cynnau'r gìg heno,
â dawn oes ei dannau o.

Yn ddiferion ohono
daw rhu cân drwy wydrau'r co',
a'r llais yn boddi'r holl le
a'i dannau'n corddi'n donne …

Drwy'i boster a'i bib astud
rhed ias cyffroad o hyd.

Cwm Idwal o dan eira

Awn yno ar orwel
        hir o eira
a'r greal o grisial
        yn groeso.
Y golau o eiddew
        gogleddol
a friga'n farugog
        yn ddail
byrhoedlog ar ddŵr
        Llyn Idwal.
Er yr holl eneidiau
        a fu fel ninnau yno,
yno'n yr ennyd,
        tyr yr haul
eto o'i orwel i herio'r
        eira â'i ddiferion.
Wedi grwn eneidiau
        erys y grisiau'n
wres o groeso.

Gareth Sgwâr

(Y gŵr a gafodd y syniad gwallgof o ddringo'r chwe chopa
Celtaidd mewn wythnos)

Jac codi baw o ddyn
â sbaner o wên,
breichiau heidrolig
a lorri lawn o gymwynasau,
bwcedi o ddwylo
yn llawn anogaeth
a stîm-rowlar i bob rhwystr.

Y mecanig â'r offer
i dynhau bolltau bywyd,
aildynhau'r sgriws rhydd.
Y gwyliwr o forthwyliwr i'r hoelion
na ffindodd eu ffordd mewn.

Y galon sy'n ffrydio
olew, sy'n llyfnhau'r
mecanwaith sydd wastad
yn barod i helpu.

Y Chwe Ban Celtaidd

(Ym mis Medi 2010, dringodd deg ohonom y copaon Celtaidd mewn
saith diwrnod i godi arian at ddwy elusen)

Er waldio cewri, ildio coron – rhoi
tir hardd i lu estron,
er y gri dros ddaear gron,
y ni piau'r copaon.

*   *   *

Bron Wynnyly, Kernow

Un wennol fach am y copa'n cylchdroi
a thwristiaid ar hast yn ceisio ffoi,
gwelwn ni'r hyn a welai Arthur o'i ôl
tra na wêl y wennol ond lôn osgoi.

Roc'h Trevezel, Breizh

Doedd dim *fest-noz* a'i noswyl,
dim o'r hen dwymo er hwyl,
na, dim traed a *"ya, mat tre!"*,
dim seidr, dim swsio adre.
Dim *bombard*, mob o hambons,
na gwên un drwg yn ei drôns!

Doedd dim *kann ha diskann* dau
hen ŵr a'u hen, hen eiriau'n
freuddwyd o gyfareddu.
Dim ond deg yn dîm mewn du,
deg Cymro piau'r copa
hen, mor hen â marwor ha'.

Corrán Tuathail, Éire

Gyda'r wawr â deg i drin,
deg gŵr yn digio Erin
gyda'u trydar gwatwarus.
"Yn drech awn heb dorri chwys!
Awn i dewi'r hen Duathail,
i'w arch eith a'i lu ar chwâl!"

Bwria'r rheibwyr eu rhybudd,
cerddwyr dall yn corddi'r dydd.
"Clywch, Erin a'r brenin brau,
gwasgwn, malwn gymylau!
Mae tymer yn her i ni,
gwŷs i draed eich gwastrodi."

Gyr Tuathail y gyr i'r gad,
afonydd yn gyfuniad
o'r glaw mawr o Gilmeri,
a'i wŷr fel mur *tsunami*
yn llorio'r llu o herwyr,
a daw'r llwyth yn wyth o wŷr.

Saethau, cleddyfau o ddŵr,
yn torri pob anturiwr,
saetha'r gwynt drwyddynt fel dryll.
O dan bastwn o bistyll,
bomiau'n rhaeadrau ffrwydrol,
drwy'r gad oer yw gwaed a'i ôl.

A dau o'u llu wedi'u lladd
heb englyn gwib i'w hangladd,
a chwech yno'n ei chanol,
i'r drin ânt a brwydro 'nôl.
Drwy ffos o gyfnos â'r gwŷr,
a'r lladdfa a wawria arwyr.

A'r gwŷr oll yn cario'r graith
drwy'u dewrder wedi hirdaith,
o'r glaw mi ddaw maddeuant
o'r drin, fe wna Erin nant
o anterth ei rhyferthwy,
rhoi nant o haul arnynt hwy.

Beinn Nibheis, Alba

Wrth dy draed
mae'r ceir yn rhuo
gan larpio'r lôn
a dyn yn ceisio dy greithio
ag ôl ei fŵts.

    Tu hwnt i dy afael
    yng nghil dy lygad
    mae siopau Fort William
    yn llawn rhaffau drud
    i dy glymu fel Gulliver.

Tua'r glyn y syrth
cerrig,
    tua'r gorllewin y mae'r
    machlud,
        tua'r de diflanna'r
        wennol
    a thua'r môr y llifa'r
    Nibheis,
ond tua'r copa
anelwn.

*   *   *

Yn ymhongar dechreusom
ar lethrau dy draed
a difrïo dy goesau
mewn chwerthiniad,
rhannu dy rwyddineb
gyda gwên wrth basio
meidrolion eraill.

Yn betrusgar dringasom
hyd gyhyrau dy frest
a'th ysgyfaint yn llowcio
ein haer, a'n chwerthin
yn cilio'n bilipala
i'r bol.

Ac ar dy ysgwyddau
lle disgynnai dy farf
ymgollasom yn nhrymder
y blewiach, yn ffaelu
gweld dim
ond dy fawredd.

Cropiasom
i fyny dy foch
a sgathru dringo
dy drwyn,
ac am ennyd,
cael edrych
i fyw dy lygaid.

Ymlusgasom
trwy dy wallt
ar hyd dy gorun
ac agor llenni
dy gopa gwalltog,
fel deffro
mewn cae o ŷd
a blasu'r heulwen.

Ni chlywyd ceir
yn llarpio'r lôn,
ni welir bellach ôl ein bŵts.

Sniaull, Mannin

Teid o heglu tua Douglas a'r lloer
    yn rhoi'r llong dan gynfas;
ei heglu hi dros fôr glas
a'r cwrw'n llawn *craic* eirias.

O'r dwyrain, yn wrid o wawrio'n belen,
    cwyd heulwen i'n hoelio;
Scafell yn orwel o euro'n
fur o goncwerwyr y co'.

Yn groeso rhua corwynt o'n cwmpas
    a'r cwmpawd, drwy'r hyrddwynt,
yn gwallgo' herio â'i hynt;
awn i'r drin â'r dwyreinwynt.

I'r byd, gan astud estyn, canu 'to
    mae Kintyre a'i benrhyn;
cân o hyd eco nodyn
draw o'r copa ucha' un.

Rhywle tu hwnt i orwelion y cof
    mae cad o atgofion
ar draws y dŵr. Dros y don
â'r hyrddwynt trwy Iwerddon.

Tua'r de try'r dyhead: bro gu'r brig
    a'r bar hwyr a'i siaclad!
Croeswn dros ddŵr ein bwriad
a'i heglu hi 'nôl i'n gwlad.

Yr Wyddfa, Cymru

(Yr unig dro i mi ddringo'r Wyddfa cyn hyn oedd yng nghroth fy mam)

Roedd Pen y Pas fel Place Pigalle
a'r Llwybr Pyg yn chwincio fel Rue St Denis;
gwyddwn o'r dechrau pa hwren
y dewiswn dreulio'r diwrnod
rhwng ei bronnau.

Codai ei choesau o'i phigyrnau
i'w sgert yn Grib Goch o demtasiwn
a Lliwedd o wahoddiad
yn lled agored tua'i thrysor.

Wrth i'w bronglwm o gymylau
ddatod dan haul ei hedrychiad
daeth ei phrydferthwch i'r amlwg
yn gadarnhad o werth arian.

Cododd gwyntoedd traserch
yn gorwynt rhyngom,
yn fwy na chyfnewid
cash am orig mewn cnawd.

Cododd y corwynt
yn brofiad ysbrydol,
yn beryg y gallwn
gwympo mewn cariad
â'r hwren hon.

Ac yn chwys yr esgyniad
deuai'r golygfeydd i ddwgyd anal
o frest ac iro'r chwantau ...

Ond ar dy gopa
ces siom.

Nid am iti wisgo dy fronglwm
ar hast gan ddirwyn ein horig i ben,
ond am i mi orfod rhannu dy enaid
â channoedd o bynters estron eraill
na hidient geiniog am dy gariad,
tra'n glafoerio a gloddesta ar dy serch.

Dymchwel y wal

Taro wal yw torri calon – rhacso
pob bricsen yn yfflon,
res ar ôl rhes, yn friwsion
try'r semént a rois am hon.

Caneuon y Sioni Olaf

"Je portai à mes lèvres une cuillerée du thé où j'avais laissé s'amollir un morceau de madeleine." *Du coté de chez Swann*, *À la recherche du temps perdu*, Marcel Proust.

Ar ganaouenn gentañ[1]

(Amgueddfa'r Sionis, Rosko, Presennol)[2]

Sylla arnynt yn syllu ar ei fyd,
gwasgwyd hwnnw i baneli
dau ddimensiwn mud.

Mae'n agor drysau ei gof i'r aroglau
gael goleuo'r teithwyr busneslyd â'i flas.
Y pnawniau crasboeth a'r cefn yn gwegian,
ysgythriad cynghanedd y sgyrsiau
rhwng dwy hen chwaer Geltaidd,
y tyfu'n ddyn o'r atgof cyntaf,
gwynegon ei dafodiaith a hithau
yn cynhesu esgyrn ei chystrawen
wrth din-droi o gylch y tân drwy rannu straeon
â'r tafodieithoedd eraill yn y cartref hen bobl.

Dadebra Paol gan ddatod
ei ddyrnau o fariau ei feic,
rhytha ar gledrau ei ddwylo …
Gwêl eto lyfnder
y dwylo hafaidd o ifanc …

---

[1] Y gân gyntaf
[2] Nodyn i'r awdur gan Paol: Agorwyd Amgueddfa'r Sionis yn Rosko ym 1999, a Paol gafodd y fraint o dorri'r rhuban yn yr agoriad.

Va zad, lavar din[1]...

(Buarth ar Vilin Gozh, ar bumed pen-blwydd Paol, 1933)

Tywys fi ar hyd lonydd dy lais
a sŵn dy glocsiau'n guriad calon,
yngana eto enw pob cae o fewn ein cân
am fod Park an Diaoul a Park Hir[2]
yn gerrig llawn mwsog ym mur cynefin.

Tafla fi â'th edrychiad dros ddŵr dy atgofion
i'r stepen drws lle mae'r chwerthin
yn llenwi bylchau'r sgwrs.
Llenwa bob bwlch sydd rhyngom ...

Dangos i mi'r llinellau sy'n llwybrau
ar fap dy feddwl, ac yn yr oriel
dangos i mi'r berth sydd wedi ei phlygu ...

---

[1] Fy nhad, dywed wrthyf ...
[2] Parc y Diafol a Pharc Hir

Pa vezin bras[1] …

(Harbwr Rosko, Gorffennaf 1937)

A'r winwns yn dyrrau aur parod i'w llwytho
mae 'na waith yfed gwin yng nghaffi'r cei –
cymun i gnwd cynhaeaf o ganeuon rhwng *paotred*.[2]

Disgleiria'r *koefoù*[3] gwynnach na gwyn
yn acenion trymion Bro Leon.
Mae gorymdaith Santes Barba[4]
yn troedio eto drwy'r sgyrsiau
a thrai Gorffennaf bron yn llanw Awst.

Daw'r plant i'w hefelychu
a chynnwrf y diwrnod yn llosgi'n eu coesau,
hwythau'n gylchoedd o gwrso ei gilydd.

Daw'r pysgotwyr a'u rhwydi o ddywediadau
i edmygu penwaig y pridd gan wenu eu cyfarchion,
cyn stumio eu rhybudd am gymylau'r gorwel.

Mae'r tir mor gadarn dan glocsiau,
a'r gwynt yn gyfeiliant i'r *bombard*
cyn distawrwydd pendiliol y daith.

Â'r fintai o gopaon capiog, a Dad,
i fedyddio'r cargo, addo i bob winwnsyn
y cânt gwrdd yr ochr draw,
a'r trên am St Malo yn ysu am adael.

Yn llanw uchel atgofion Paol bach
mae'r chwerthin a chân y gwylanod
yn diasbedain drwy harbwr y meddwl.

[1] Pan fyddaf i'n fawr …
[2] Y bechgyn
[3] Penwisg draddodiadol yn Llydaw i fenywod. Er bod ambell *koef* yn enwog
ym Mro Bigouden am fod yn rhai tal iawn, rhai byr oedd yn draddodiadol ym
Mro Leon. Roedd yn beth cyffredin eu gweld yn cael eu gwisgo ar achlysuron
crefyddol a nodedig yn ystod y flwyddyn.
[4] Yn dilyn gwasanaeth a gorymdaith diwrnod pardwn Santes Barba, byddai'r
Sioni yn paratoi i hwylio ar y dydd Llun canlynol.

Diwan deus an douar[1]

(Park an Diaoul, Kastell Paol, Awst 1947)

Pesycha'r henwyr Lydaweg Bro Leon
a'r tarth yn gwrlid arian dros y caeau,
o wên i wên fe'u clymir â brawdoliaeth
a'r adwy yn llenwi ag ager hanesion.

Mae'r bore'n ymestyn o'u blaenau yn rhesi
a'u penliniau yn gwreiddio drwy'r ddaear,
disgleiria pob winwnsyn yn gnepyn o aur
ond o sgwrs i sgwrs dônt yn fapiau o'r byd.

Wrth i'r haul daro'r angelws daw'n ginio.
Ymuna Paol yn y cyngor o gylch y cig a'r dorth
ac ebychu ceinder y peli rhuddem o'r pridd,
tra porthir pawb â theithi'u mamiaith.

Daw'r cymun â chwinciad o win coch yn glincian
diolch i'r gwymonwyr am eu gwrtaith a'u gwyrth.
A thrwy wyrth y rhodd o groth y cae tywodlyd,
diolch i'w daear am esgor ar ryfeddodau'r rhod.

O go'r crwtyn a'i gae o ager, â cart dan wegian.

---

[1] Egino o'r ddaear

Trwy fyfyrdod hir ei fordaith …

(Porthladd St Malo, Hydref 1957)

Seinia'r hwter ei *c'henavo*[1] hir
a daw'r nos ar wartha'r machlud
i ganlyn Paol ar ddec ei lwybrau,

llusga aroglau'r corn yn ei ffroenau
a'r gwynt yn ceisio crafangu'r atgof;
geilw'r goleudy ei enw bob yn don.

Synhwyra'r cychod prin yn ymbalfalu
drwy'r nos, yn teimlo gogleisiad yr ewyn
a'r creigiau yn goleuo bob yn don.

Llywia'r pysgotwyr eu llongau yn erbyn y lli –
Y *Mor Glas* a'r *Avel Vrav*[2] ar ymchwydd y don
yn anadlu rhyddhad yng ngosteg y gwynt.

A lle bu tadau'r morwyr yn ymbalfalu yn y fan,
a thad gwyliwr y goleudy yn eu tywys ar eu taith,
cofia Paol chwifio ffarwél o'r harbwr yn fachgen.

Ar wythïen ei Lydaw arogleua ei lwybrau;
a dim ond llusern y lloer dros farwor llwybr
y llong, mae'r ffordd o'i flaen yn dywyll.

---

[1] Da bo / ffarwél
[2] Nodiadau i'r awdur gan Paol: Dyma enwau cychod ffrindiau iddo yn Rosko,
sef y 'Môr Glas' a'r 'Awel Braf'. Ymestynnai brawdoliaeth y Sionis at y morwyr
yn ogystal â'r ffermwyr.

Gwennol yn ei gwanwyn

(Porthladd Portsmouth, Gorffennaf 1967)

Llifa'r aer yn gyfarwydd o oer
drwy ei ffroenau
gan ddeffro ei ysgyfaint.

Daw gwenoliaid i ganu eu halaw
a'i dywys ar ei daith
i'w rhan fach o Gymru,
a Bro Leon yn canu'n Affrica yn y cof.

*   *   *

Cwyd aroglau *madeleine*
i ffroenau'r awdur
a'i sgubo ymaith …

Pader

(I Goulc'hen Ar C'heler 1912–1990)[1]

Hon Tad, c'hwi hag a zo en Neñv[2]...

Ar dalar ei fyd fe safai yn grwm
a'r wyrion yn ceisio camau cawr
ar draws y buarth, lle tyfodd, yn grwt,
wreiddiau ei glocsiau'n gyhyrog â'r wawr.

Roit d'eomp hiziv hor bara pemdeziek ...

Chwaraeem o gylch ein coeden gref
o daid, yn dal ei frigau yn dynn,
â'i lais i'n hiro nid aem yn grin –
yr wyrion o ddail dros fyd o chwyn.

Met hon diwallit diouzh an droug ...

Rhyngom roedd ystyr i'r geiriau hen,
geiriau chwiorydd yn llifo'n waed;
ar dalar ei fyd drwy'r atgo' rwy'n
rhan ohono o'i gorun i'w draed.

Evel-se bezet graet, Amen.

---

[1] Tad-cu'r awdur, a gŵr a werthai arlleg yn aml i'r Sioni. Roedd parch mawr yng nghylchoedd y Sioni Winwns tuag at arlleg Kerlouan oherwydd ei safon.

[2] "Ein Tad, yr hwn wyt yn y nefoedd ..."

Un dervezh e buhez Loeza Kloareg[1]
(Bwthyn Penn ar C'hleuz, Kleder, Gorffennaf 1905)[2]

A Yann wedi gadael i'w chynnal
dros y dŵr, penlinia Loeza
i dwtio briwsion ei grystyn o frecwast
o'r llawr gan dwt-twtian ei arferion
cyn eu sgubo o'r neilltu.

Anadla yn ddwfn
a'i breichiau yn llawn bwriad;
sawra'r ennyd o awyr lân
yn y gegin, a'i bib a'r baco
yn ei boced mor bell.

A'r pren yn griddfan-grafu,
egyr y *gwele kloz*[3]
gan estyn ei ddillad nos chwyslyd
i'r pentwr golchi, a lledaenu
twmpathau ei gwsg o'r cwilt.

Caria ei oglau yn fasged
hanner milltir lawr yr hewl
i'r Poul Du,[4] a bwria i sgwrio
ei grysau yn lân i gyfeiliant y merched
yn darogan ei ganmoliaeth gyda gwên ...

Tra hwylia yr *Hilda*
dros ei gorwel
olaf.

[1] Diwrnod ym mywyd Loeza Kloareg
[2] Dyma'r flwyddyn y drylliwyd llong yr SS *Hilda* ar ei ffordd yn ôl o Brydain ac
y collwyd 79 o blith y Sioni Winwns. Ychwanega Paol yma ei fod yn cofio'i dad
yn adrodd yr hanesion am yr erchyllterau a ddioddefodd y 79 a gollwyd, y rhan
fwyaf ohonynt o blwyf Kleder.
[3] Gwely cwpwrdd yw ystyr *gwele kloz*. Tan yn gynnar yn yr ugeinfed ganrif, ac
yn sicr hyd at ddyfodiad gwres canolog, dyma ffurf boblogaidd, a chain yn aml
o ran ei gwneuthuriad, ar wely yn Llydaw.
[4] Pwll Du: gwelir hyd heddiw nifer o olion pyllau golchi dillad ar hyd Bro Leon,
sef yr ardal ieithyddol Lydaweg sy'n ffurfio gogledd Penn-ar-Bed (Finistère).

Cân y rhaffwr

(Y stordy winwns, Caerdydd, 1977)

Atseinia'r angelws o'r cnepyn aur
a daw'r nesaf a gwau'r gân o'r rhychau,
wrth i'r pnawniau heulog blethu ynghyd,
a chaeau ei grud o'i flaen yn glychau,
clyma'i atgofion yn rhaffog o dynn
i'w rhannu â'i gefndryd drwy gwm a bryn.

Gafaela yn stori Fañch Neket Noz[1]
a'i phlethu â dos o chwerthiniad Per,[2]
eu clymu'n un â phêr arogl y pridd,
a chwerthin y dydd wedi treiddio i'r sêr,
o'r cae gwymonllyd yn llusgo i'w gôl
i'r stordy llawn daw'r frawdoliaeth yn ôl.

Llwytha ei Lydaw ar bob ochr i'w feic,
drwy'r cymoedd Cymreig caria i bob stryd
yr eco o'i fro yn blethiad drwy frwyn
cryfion o'r rhostir mwyn i lonni'r byd.
Mae curiad calon yn sŵn diwyd ei draed
a'r gwythiennau yn fyw â rhuthr y gwaed.

[1] Talfyriad Llydewig o François yw Fañch, ac ystyr Neket Noz yw 'nid yw'n nos'; cafodd Fañch yr enw drwy ddweud "ie" yn aml i wydraid bach arall o win coch, gan 'nad yw'n nos eto'!

[2] Un o ffrindiau bore oes Paol oedd Per. Daeth y ddau i fod yn Sionis. Er mai yn Leith, yr Alban, yr oedd Per yn gweithio gan amlaf, roeddynt yn hoff o gwmni ei gilydd wrth gydweithio yn y caeau yn Llydaw.

Llwybrau coll

Mae 'na lôn sy'n llinyn bogail
rhwng Caerdydd a'r cymoedd,
lôn y metel twym a dylyfu gên.

Ond fel porthmon â gyr o wartheg,
neu Iolo Morganwg ac Evan James
yn canu ar lwybrau eu cerddi,
mae llwybrau Paol ar lonydd cefn hanes.

Y llwybr sy'n "shw' mae heddi"
rhwng 'Elen Siop' yn Ffynnon Taf
a 'Davies Pedole' ar fynydd Caerffili.

Y llwybr sy'n gul gan haf
sy'n drwch o drydar adar mân
ar iard ysgol Pont Siôn Norton
sy'n gwneud Cilfynydd yn gadarnle'r Gymraeg.

Y llwybr sy'n fyglyd gan syndod Ceinwen Rees
yn Berw Road fod 'na heniaith fabinogaidd
feddw ar dafod Paol, tra syrthia lludw ei sigarét
a phardduo'r garlleg gan esgor ar chwerthin.

Y llwybr sy'n gainc o wichian beic
wedi ei gosod i gynghanedd dwy hen chwaer,
a'r ymylon yn berthi wedi eu plygu.

Llwybr yr awen rhwng ffuglen a ffaith ...

Dyma'r llwybrau y dylem oll eu nabod
a'u troedio i gadw'r lôn rhag chwyn,
am i Paol eu creu i ni eu cynnal,
fel y gallwn dorri'r llinyn bogail.

Ar ganaouenn ziwezhañ[1]

(Amgueddfa'r Sioni, Rosko, Presennol)

"Ta-kozh, Ta-kozh, deuit, poent eo mont!"[2]

O harbwr yr atgof
glania Paol ar lawr caled
y presennol. Mae ei fyd
yn greiriau o'i gwmpas.

Esgyrn ei feic yn frau,
yn llawn gwynegon a rhwd
yn datgymalu ei leferydd
rhag adrodd ei stori yn llawn.

Pastwn Fañch Neket Noz
a fu mor gyhyrog ei ruddin
yn cario tunelli o aur Bro Leon,
wedi ildio i amser yn fusgrell a chnotiog.

Clymaid o'r winwns cochaf
yn dorch er cof.

Dim arlliw o staeniau sigaréts Ceinwen Rees
ar y garlleg, dim arlliw o'r chwerthin …

Caewyd ei oes mewn catacwm o ffilm
yn ril o luniau i'w curadu gan rywun,
a'u marwnadu gan dwristiaid
mewn stafell dywyll,
hyd nes bod haul eu nawr
yn llosgi eu llygaid am ennyd,
wedi'r ennyd o flaen y bedd.

"Ta-kozh, Ta-kozh, deuit ta!"

Daw'r alwad i'w daro
fel haul twym ar wyneb
ar ddiwrnod barugog.

Wrth afael yn llaw Paolig
a gwres eu gwaed yn curo'n un,
a thrwy'r iaith â'r ach
i gadw'r stori'n gân ar gof ...

[1] Y gân olaf
[2] "Ta-cu, Ta-cu, dewch, mae'n bryd mynd!"